USO

de la gramática española

W9-CPF-375

clave

intermedio

Francisca Castro

edelsa

GRUPO DIDASCALIA, S.A.

USO

de la gramática española

claves

Francisca Castro

edelsa

GRUPO DIDASCALIA, S.A.
Plaza Ciudad de Salta, 3 - 28043 MADRID - (ESPAÑA)
TEL.: (34) 914.165.511 - FAX: (34) 914.165.411

Primera edición: 1997
Primera reimpresión: 1998
Segunda reimpresión: 1998
Tercera reimpresión: 1999
Cuarta reimpresión: 2000
Quinta reimpresión: 2001
Sexta reimpresión: 2001

© Edelsa Grupo Didascalia, S.A.
© Francisca Castro Viudez.

Dirección y coordinación editorial: Pilar Jiménez Gazapo.
Adjunta a dirección y coordinación editorial: Ana Calle Fernández.

Diseño de cubierta y maquetación:
Departamento de Imagen Edelsa Grupo Didascalia, S.A.
Director Departamento de Imagen y Producción: Rafael García-Gil.

Fotomecánica y fotocomposición: Crisol, S. L.
Impresión: Rógar.
Encuadernación: Perellón.

I.S.B.N.: 84-7711-178-2
Depósito legal: M-47645-2001
Impreso en España.
Printed in Spain.

USO

de la gramática española

intermedio

Tema 1. PRETÉRITO INDEFINIDO. REGULARES E IRREGULARES

1.- 1. se detuvo. 2. volviste. 3. se despidieron. 4. trajo. 5. construyó. 6. empezamos. 7. descubrí. 8. compuso. 9. sentí. 10. obtuve. 11. oyeron. 12. vistió. 13. murió. 14. hicisteis. 15. tuve. 16. estuvo.

2.- 1. conduje. 2. tradujo. 3. durmieron. 4. sentimos, dijeron. 5. propuso. 6. cayeron. 7. construyeron. 8. ataqué. 9. cupimos. 10. me equivoqué. 11. busqué, vi. 12. embarqué. 13. anduvimos. 14. supo. 15. oyeron. 16. sintió. 17. deshizo. 18. llegué. 19. llovió. 20. se divirtió.

3.- 1. hice. 2. salí. 3. conduje. 4. murieron. 5. devolvió. 6. dispuse. 7. pudiste. 8. supiste. 9. dio. 10. acerqué. 11. quiso. 12. trajimos. 13. vinieron. 14. destruyó. 15. produjeron. 16. compuso. 17. sentisteis. 18. dormisteis. 19. pedí. 20. repitió.

4.- 1. te levantaste. 2. estuviste. 3. dijiste. 4. estuviste. 5. pusiste. 6. jugaste. 7. llegaste. 8. deshiciste. 9. naciste. 10. obtuviste. 11. supiste. 12. diste. 13. pudiste.

5.- 1. se levantó. 2. estuvo. 3. dijo. 4. estuvo. 5. puso. 6. jugó. 7. llegó. 8. deshizo. 9. nació. 10. obtuvo. 11. supo. 12. dio. 13. pudo.

6.- 1. os levantasteis. 2. estuvisteis. 3. dijisteis. 4. estuvisteis. 5. pusisteis. 6. jugasteis. 7. llegasteis. 8. deshicisteis. 9. nacisteis. 10. obtuvisteis. 11. supisteis. 12. disteis. 13. pudisteis.

7.- 1. produjo. 2. cupieron. 3. devolvieron. 4. llegué. 5. destruyeron. 6. huyó. 7. resbaló, se cayó. 8. detuvo. 9. dormimos.

Tema 2. PRETÉRITO IMPERFECTO (INDICATIVO) / PRETÉRITO INDEFINIDO

1.- 1. tocaba la guitarra. 2. salía. 3. escribía. 4. tenía. 5. estudiaba. 6. jugaba. 7. trabajaba. 8. tenía. 9. llevaba.

2.- 1. vivíamos, estudiaban. 2. compré, eran. 3. compraron, tenía. 4. vi, actuaba. 5. era, regalaron, hablaba. 6. cogimos, queríamos. 7. comió, había. 8. era, gustaban, llevaban, tocaban. 9. hacías, tenías. 10. fue, íbamos, íbamos, empezó, estudiaba, fui.

3.- 1. despegaba, aterrizaba. 2. estudiaba, se mantenía. 3. estaban. 4. salimos, estaban. 5. fui, me gustó. 6. estaba, eran, estaban. 7. nos lo pasamos. 8. llamé, estaba. 9. quería, se estropeó, llegó. 10. encendía. 11. teníamos. 12. me operé, era, estaba. 13. descubrió, eran. 14. dejé, teníamos.

4.- Era, tenía, llevó, comenzó, fue, nos casamos, fue, se enteró, tuvimos.

5.- Ejercicio de respuesta libre.

Tema 3. PRETÉRITO PLUSCUAMPERFECTO (INDICATIVO)

1.- 1. salido. 2. abierto. 3. escrito. 4. guardado. 5. empezado. 6. puesto. 7. respondido. 8. roto. 9. ido. 10. quemado. 11. bebido. 12. comprado. 13. visto. 14. vuelto. 15. cruzado. 16. envuelto. 17. frito. 18. muerto. 19. resuelto. 20. dicho.

2.- 1. había estado. 2. habían sido. 3. habíamos dado. 4. se había despertado. 5. habías abierto. 6. habíamos hecho. 7. os habíais levantado. 8. me había divorciado. 9. habíais oído. 10. te habías despedido. 11. había perdido.

3.- 1. he visto, había visto. 2. he comido, había probado. 3. he bañado, había hecho. 4. he escrito, había escrito. 5. he trabajado, había hecho.

4.- 1. ha cambiado. 2. habías estado. 3. había tenido. 4. has terminado. 5. habían destrozado. 6. he visto. 7. ha declarado, han encontrado. 8. había visto. 9. había hecho.

5.- 1. llegué, había salido. 2. fui, habían desayunado. 3. llegamos, había salido. 4. fuimos, habían cerrado. 5. volví, se había casado. 6. llamé, se había enterado.

6.- 1. había tenido. 2. se había jubilado. 3. había encontrado. 4. se había ido. 5. habían vendido. 6. habían comprado.

Tema 4. CONOCER / SABER / PODER

1.- Ejercicio de respuesta libre.

2.- 1. Conoces. 2. Conoces. 3. Sabes. 4. Sabe. 5. Sabes. 6. Conoce. 7. Conoces. 8. Sabes. 9. Sabe. 10. Sabes.

3.- 1. pude. 2. puedo. 3. puede. 4. sabe. 5. sabes/puedes. 6. saben. 7. sabes. 8. puedo. 9. saben. 10. pueden. 11. puede. 12. podéis. 13. sabe. 14. pude. 15. supimos.

4.- 1. ¿Pueden pasarme la aceitera, por favor? 2. Niños, ¿podéis dejar de hacer ruido? 3. ¿Puede decirme qué autobús va al centro? 4. ¿Puede cambiarme este billete, por favor? 5. ¿Puedes llevarme a mi casa?, tengo el coche en el taller. 6. ¿Puede(s) repetir, por favor? 7. ¿Pueden hablar más bajo, por favor?

5.- 1. sabe. 2. puede. 3. sé/conozco. 4. conocen. 5. podemos. 6. saben. 7. Podéis. 8. Conoces. 9. Puedo. 10. sabe/conoce. 11. sabe. 12. conoce. 13. puedes. 14. conoces. 15. sabes. 16. conoce. 17. puedo.

6.- 1. ¿Puedo sentarme aquí? 2. ¿Puedo llamar por teléfono/ hacer una llamada? 3. ¿Puedo coger uno? 4. ¿Puedo coger tu bici/ puedes prestarme tu bicicleta? 5. ¿Puedo repetir?

Tema 5. ESTUVE / ESTABA / HE ESTADO + GERUNDIO

1.- 1. estaba durmiendo. 2. estaban saliendo. 3. estaban fregando. 4. estábamos preparándonos. 5. estaba tendiendo. 6. estaba esperando. 7. estaba merendando. 8. estaba oyendo.

2.- 1. estuvimos bailando. 2. estaba regando. 3. estaban viendo, estaban durmiendo. 4. estuvimos cenando. 5. estaba preparando. 6. estuvieron discutiendo. 7. estábamos tomando. 8. estábais haciendo, estábamos jugando. 9. estaba arreglando. 10. estuve viendo.

3.- 1. era. 2. encontraba. 3. estaba duchando. 4. volvíamos. 5. estaba pintando. 6. estábamos jugando. 7. iba. 8. tenía. 9. estaba terminando. 10. estábamos escuchando.

4.- 1. ha estado estudiando. 2. ha estado lloviendo. 3. he estado limpiando. 4. ha estado arreglando. 5. han estado dando la lata. 6. han estado viajando. 7. ha estado trabajando. 8. han estado saliendo.

5.- 1. ha estado visitando. 2. estaban viendo. 3. he estado transportando. 4. estaba lloviendo. 5. he estado terminando. 6. estuve esperando. 7. estábamos acostándonos. 8. estuve mirando.

Tema 6. A + OBJETO DIRECTO DE PERSONA

1.- 1. al, a. 2. -. 3. a. 4. -. 5. a. 6. -. 7. -. 8. a. 9. al. 10. al. 11. a. 12. a. 13. a. 14. -. 15. -. 16. a. 17. -.

2.- 1. quieren a. 2. tienen. 3. necesito. 4. esperamos/estamos esperando a. 5. he recibido. 6. busca/está buscando. 7. vi a. 8. conoces al. 9. escucha.

Tema 7. IMPERATIVO AFIRMATIVO Y NEGATIVO

1.- 1. pise. 2. tire. 3. toque. 4. hable. 5. llame. 6. cierre. 7. conduzca. 8. se asome.

2.- 1. Espere, no espere, no esperen. 2. Firme, no firme, no firmen. 3. Traiga, no traiga, no traigan. 4. Pase, no pase, no pasen. 5. Repita, no repita, no repitan.

3.- 1. No vengas. 2. No levantes. 3. No mires. 4. No saques. 5. No recojas. 6. No hagas. 7. No muevas. 8. No esperes. 9. No vayas. 10. No escuches. 11. No salgas. 12. No entres. 13. No pases. 14. No compres.15. No llames. 16. No pongas. 17. No apagues. 18. No abras. 19. No cojas. 20. No hables.

4.- 1. Dejad, no dejéis. 2. Abrid, no abráis. 3. Cerrad, no cerréis. 4. Escuchad, no escuchéis. 5. Venid, no vengáis. 6. Guardad, no guardéis. 7. Esperad, no esperéis. 8. Id, no vayáis.

5.- 1. No te calles. 2. No se tome. 3. No os lavéis. 4. No os fijéis. 5. No se siente. 6. No os toméis. 7. No te bañes. 8. No te seques. 9. No se detengan. 10. No te despidas. 11. No te vayas. 12. No te pongas. 13. No te lleves. 14. No se pruebe. 15. No te duermas. 16. No os acostéis. 17. No te levantes. 18. No te duches. 19. No os pintéis. 20. No te separes.

6.- 1. No me dejes. 2. No me digas. 3. No me escribas. 4. No le des. 5. No le hagas. 6. No nos escribas. 7. No les llames. 8. No les digas. 9. No le devuelvas. 10. No me traigas. 11. No les prestes. 12. No le regales.

7.- 1. No me deje. 2. No me diga. 3. No me escriba. 4. No le dé. 5. No le haga. 6. No nos escriba. 7. No les llame. 8. No les diga. 9. No le devuelva. 10. No me traiga. 11. No les preste. 12. No le regale.

8.- 1. No me lo des. 2. No me la hagas. 3. No te lo pongas. 4. No se lo digas. 5. No se la traiga. 6. No lo hagas. 7. No lo pague. 8. No las eches. 9. No te lo guardes. 10. No te las arregles.

9.- 1. Dáselo, no se lo des. 2. Póntelas, no te las pongas. 3. Págaselo, no se lo pagues. 4. Préstaselo, no se lo prestes. 5. Llévatelo, no te lo lleves. 6. Dáselas, no se las des. 7. Házmela, no me la hagas. 8. Díselo, no se lo digas. 9. Díselo, no se lo digas.

Tema 8. PREPOSICIONES

1.- 1. de rodillas. 2. en paz. 3. de memoria. 4. en forma. 5. de miedo. 6. de milagro. 7. de noche. 8. a oscuras. 9. de cerca. 10. sin rodeos. 11. a carcajadas.

2.- 1. en. 2. a. 3. de. 4. de, de, de. 5. a. 6. de. 7. a, a. 8. de, a. 9. de. 10. por. 11. en. 12. del. 13. a/de. 14. por. 15. de, a. 16. por. 17. con. 18. de. 19. por. 20. por. 21. por/de. 22. de. 23. con. 24. de. 25. en. 26. de.

3.- 1. quejarse del. 2. me atreví a. 3. trata de. 4. insistió en. 5. obligaban a. 6. he soñado con. 7. ha optado por. 8. depende de. 9. despedirse de. 10. se acostumbró a.

4.- 1. para. 2. Por. 3. por. 4. Por. 5. Por. 6. Para, por. 7. para. 8. Por/Para. 9. para. 10. Para. 11. Por. 12. para. 13. por. 14. para. 15. para. 16. por. 17. Para, Para. 18. para. 19. por. 20. por.

5.- 1. Hasta. 2. hacia. 3. hasta. 4. hacia. 5. hasta. 6. hacia. 7. hasta. 8. hacia. 9. hasta. 10. hacia.

6.- 1. Por. 2. De. 3. De/por. 4. A. 5. En. 6. De/Por. 7. Con. 8. Por. 9. En. 10. De. 11. Por. 12. A. 13. Por/de. 14. En. 15. De.

7.- INTERFLORA CONQUISTA

En cualquier momento y **en** cualquier lugar, porque siempre hay un motivo **para** compartir alegría. Detrás **de** Interflora hay un mensaje que no conoce fronteras y acerca **a** las personas. Un mensaje que siempre será bien recibido.

Y TE INVITA A HAWAI

Con cada envío **de** Interflora podrás participar **en** el sorteo **de** un magnífico viaje **a** Hawai **de** diez días **para** dos personas, que se celebrará **ante** notario el día 31 **de** enero de 1998.

Disfruta **del** encanto **de** las paradisíacas islas, **de** las flores y **de** las exóticas playas **del** Pacífico **en** uno **de** los hoteles más lujosos **de** Hawai. Solicita tu cupón **en** cualquier floristería Interflora **al** hacer el encargo.

Tema 9. FUTURO / CONDICIONAL

1.- 1. lavaré, lavaría. 2. harían. 3. recogeré. 4. ganaría. 5. sería. 6. veré. 7. pondríamos. 8. llovería. 9. saldrá/saldré. 10. sabríais. 11. realizaría. 12. iremos. 13. abrirían. 14. echaría. 15. llegaré/llegará. 16. arreglaría. 17. tocaríamos. 18. emigrarán.

2.- 1. Yo, que tú, estudiaría Biología. 2. Yo, que tú, me compraría un despertador. 3. Yo, que tú, me pondría el traje azul marino de seda. 4. Yo, que tú, la reservaría en un Parador. 5. Yo, que tú, le regalaría algo para su despacho.

3.- Ejercicio de respuesta semilibre. Posibles soluciones: 1. Yo creo que deberías dejar de fumar. 2. Yo creo que el gobierno debería hacer algo. 3. Yo creo que deberías tomarte una aspirina. 4. Yo creo que deberías llamarle por teléfono. 5. Yo creo que deberíais hacer primero los deberes. 6. Yo creo que deberías decírselo a tus padres.

4.- 1. Tú dijiste que nos llamarías a las 10. 2. Tú me dijiste que me invitarías a tu cumpleaños. 3. Ella me dijo que no vendría/iría hoy a clase. 4. Ellos dijeron que saldríamos/saldrían a las 7. 5. Vosotros dijisteis que llevaríais/traeríais la bebida. 6. Tú dijiste que harías hoy la cena. 7. Vosotros dijisteis que me esperaríais en la puerta del cine. 8. Tú dijiste que no volverías a fumar más.

5.- 1. tendrá. 2. llamaría y aclararía. 3. tendremos. 4. abriremos. 5. vendrán. 6. vendrían. 7. iré. 8. llegaría. 9. respondería. 10. leeré. 11. compraría. 12. viviría. 13. pedirán. 14. deberías. 15. deberá. 16. deberías. 17. asistiría. 18. haremos. 19. deberían. 20. diría.

Tema 10. FUTURO PERFECTO. Expresión de probabilidad

1.- 1. habrán escrito. 2. habrá recibido. 3. habré abierto. 4. habrás leído. 5. habremos llevado. 6. habrá ido. 7. habrá empezado. 8. habréis cobrado. 9. habré llegado. 10. habrán estado.

2.- 1. Habrá hecho cincuenta y dos figuras. 2. Habrá nadado 1500 metros. 3. Habrá ahorrado 20000 ptas. 4. Habrá comprado 2 discos. 5. Habrá leído 1 libro.

3.- 1. ¿Qué hora será? 2. ¿Cuánto le habrá costado...? 3. ¿Dónde viviría Filomeno...? 4. ¿Qué hará...? 5. ¿De quién será...? 6. ¿Dónde habré puesto...? 7. ¿Para qué iría...? 8. ¿Quién te mandaría...? 9. ¿Para qué habrá llamado...? 10. ¿Dónde estarán...? 11. ¿Por qué no habrá llamado...? 12. ¿Por qué diría...? 13. ¿Quién vendrá...? 14. No sé a quién se parecerá... 15. ¿Quién le diría a Luisa...? 16. ¿Cuánto costará...? 17. ¿Quién me mandaría...? 18. ¿Cuándo habrá salido...? 19. ¿A qué hora llegaría...? 20. ¿Dónde estaría...?

4.- 1. se habrá enfadado por algo. 2. habrán salido a comprar. 3. habrá atascos. 4. tendrá. 5. tendría. 6. habrá tenido. 7. habrá estado viviendo. 8. habrán oído.

Tema 11. OJALÁ, QUIZÁ(S), TAL VEZ + PRESENTE DE SUBJUNTIVO

1.- 1. hable, hablemos. 2. estudie, estudiemos. 3. lea, leamos. 4. coma, comamos. 5. beba, bebamos. 6. trabaje, trabajemos. 7. limpie, limpiemos. 8. escriba, escribamos. 9. reciba, recibamos. 10. venda, vendamos. 11. viva, vivamos. 12. pinte, pintemos.

2.- 1. empiezo, empiece. 2. salgo, salga. 3. digo, diga. 4. hago, haga. 5. oigo, oiga. 6. encuentro, encuentre. 7. vengo, venga. 8. puedo, pueda. 9. conozco, conozca.

3.- 1. vaya, vayamos. 2. sea, seamos. 3. esté, estemos. 4. llegue, lleguemos. 5. vuele, volemos. 6. juegue, juguemos. 7. recoja, recojamos. 8. pida, pidamos. 9. tenga, tengamos. 10. sepa, sepamos. 11. ponga, pongamos. 12. duerma, durmamos. 13. traduzca, traduzcamos. 14. aparque, aparquemos.

4.- 1. duerma. 2. toque. 3. encuentre. 4. den. 5. llueva. 6. lleguemos.

5.- 1. Quizás esté enfadado. 2. Ojalá sea barato. 3. Quizás sea protestante. 4. Quizás tenga trabajo en casa. 5. Ojalá pueda venir. 6. Quizás esté enferma. 7. Ojalá llegue pronto. 8. Quizás tenga hambre otra vez. 9. Ojalá tenga suerte.

6.- Ejercicio de respuesta libre.

Tema 12. EL GÉNERO DE LOS NOMBRES

1.- 1. escritor, escritora. 2. taxista. 3. estudiante. 4. jueza. 5. asistenta. 6. cantante. 7. artista. 8. peluquera. 9. secretario. 10. modista. 11. cocinera. 12. diseñador. 13. modelo. 14. poeta/poetisa. 15. técnico. 16. arquitecto/a. 17. abogada. 18. directora.

2.- 1. la radio. 2. La carne. 3. el traje. 4. el problema. 5. la moto. 6. La juventud. 7. el dolor. 8. el color. 9. Las canciones. 10. las flores.

3.- 1. la bolsa. 2. la capital. 3. el ramo. 4. la policía. 5. la manzana. 6. el bolso. 7. las ramas. 8. capital. 9. la cólera. 10. el manzano.

4.- 1. alcalde, alcaldesa. 2. madre. 3. actor. 4. vaca. 5. nuera. 6. rey. 7. hombre. 8. princesa. 9. hembra. 10. gallina. 11. caballo. 12. leona.

5.- 1. El. 2. El. 3. El. 4. El. 5. La. 6. La. 7. La. 8. El. 9. La. 10. La. 11. El. 12. La. 13. El. 14. El. 15. La. 16. El. 17. El. 18. La.

Tema 13. PRONOMBRES PERSONALES (OBJETO DIRECTO E INDIRECTO)

1.- 1. No sé dónde las habré puesto. 2. Juan la estaba esperando. 3. Todavía no la he visto. 4. No lo he traído, se me ha olvidado. 5. Las he perdido. 6. Siempre los invitan. 7. Yo la llamé por la tarde. 8. Yo le aconsejo que no lo venda. 9. Emilia les dijo que no vendría. 10. El padre le pegó una bofetada. 11. Los ladrones les robaron todo (a los turistas). 12. ¿Le gustan los toros? 13. Las cogí del cajón de la mesita. 14. Lo llevé al pediatra a las tres. 15. Le llevé (a Julián) varias botellas. 16. Lo encontrarás fácilmente. 17. Todavía no lo he leído. 18. El conferenciante les habló de las últimas corrientes filosóficas. 19. El jefe de personal le preguntó si tenía experiencia. 20. ¿Les has escrito ya?

2.- 1. os importa. 2. me cae. 3. me apetece. 4. le toca. 5. les tocó. 6. te parece, te sienta. 7. les ha pasado. 8. os toca. 9. te fastidia. 10. le hace. 11. te interesa. 12. nos quedan. 13. te queda. 14. nos hace falta. 15. le falta. 16. le duele. 17. os molesta. 18. me están. 19. le cuesta.

3.- 1. te lo. 2. me los. 3. le, se lo. 4. la. 5. me, te, te lo. 6. le, lo. 7. me lo. 8. te la. 9. les, se lo. 10. te la. 11. se, se. 12. te. 13. os. 14. le, se lo. 15. Le, se los. 16. le, me, les. 17. se, se, me, se. 18. te. 19. le, la, se. 20. me, lo, se lo.

4.- 1. Valeriano les vendió el piso a sus cuñados. 2. os esperaré. 3. Dile a María que me escriba pronto. 4. Camarero, pónganos unas cañas. 5. A nosotros no nos importa. 6. Te voy a contar un secreto, pero no se lo digas a nadie. 7. El cajero del banco huyó llevándose más de 100 millones. 8. Cuando era pequeño, mi padre no me permitía comer dulces. 9. Ella se fue de la fiesta porque no se sentía bien. 10. Yo envié un telegrama, pero no nos contestaron. 11. Esta película es muy mala, no vayas a verla. 12. A Ignacio no le han dado el trabajo que pidió. 13. A todos ellos les interesa que ese negocio salga adelante. 14. A mí no me dejan salir después de las doce de la noche. 15. No le diré nada a nadie. 16. La comida está lista, llévala a la mesa.

5.- 1. le. 2. me. 3. me. 4. le. 5. me. 6. se la. 7. me. 8. lo. 9. me. 10. le. 11. yo. 12. nos, se. 13. le. 14. le. 15. se. 16. nos. 17. le. 18. les. 19. nos.

Tema 14. ESTILO INDIRECTO (INFORMACIÓN)

1.- 1. Isabel me contó que iba a cambiar de trabajo porque estaba harta de su jefe. 2. que este año iban a ir de vacaciones a Marbella. 3. que su hermano menor no quería estudiar en la Universidad. 4. que estaba cansada de hacer todos los días lo mismo. 5. que Pepe había tenido un accidente con la moto. 6. que su marido quería comprar otro coche. 7. que a ella sí le gustaba el Presidente del Gobierno actual. 8. que estaba haciendo un cursillo de informática. 9. que no le parecía caro el piso de Jorge.

2.- 1. Él dijo que hoy nos llamaría. 2. Ella dijo que saldría de casa a las 7. 3. Ellos dijeron que vendrían/irían a buscarnos al aeropuerto. 4. El Sr. Martínez dijo que no vendría/iría a la reunión. 5. Vosotros me dijisteis que me compraríais otra bicicleta para Reyes. 6. Tú dijiste que pondrías la lavadora todas las semanas. 7. Tú dijiste que me esperarías en la cafetería. 8. Ella dijo que no volvería a hablar conmigo de eso. 9. Vd. me había dicho que lo pensaría. 10. Él decía que se ocuparía de todo.

3.- 1. había estudiado. 2. trabajaba. 3. quería. 4. tenía. 5. me dedicaba. 6. me gustaba. 7. cuántos... hablaba.

4.- 1. Ella nos dijo que se habían casado hacía 12 años. 2. Ellos me dijeron que habían estado de vacaciones en Cancún. 3. Él comentó que antes ganaba más dinero que ahora. 4. Ellos nos dijeron que se habían comprado un chalé porque les gustaba la tranquilidad. 5. Él le dijo que no había visto a Magdalena desde hacía un año. 6. Ella comentó que quería ir a Viena, pero Javier no quería y al final habían ido a París. 7. El guía nos dijo que la catedral había sido construida en el s. XVII. 8. El médico me dijo que tenía que operarme cuanto antes. 9. Él me dijo que si no podía venir a buscarme, me llamaría, pero no ha llamado. 10. Tú me dijiste que si yo no tenía tiempo, tú comprarías las entradas. 11. Ella me contó que siempre había vivido en hoteles de lujo. 12. Él me dijo que antes jugaba muy bien al baloncesto. 13. Ellos dijeron que Encarna iba a tener otro niño. 14. El hombre del tiempo dijo que hoy llovería.

5.- 1. El jueves fui al cine. 2. ¿Tenéis mi billetera? 3. Voy a hacer un viaje a Chile. 4. Mi hermana está casada con un jugador de fútbol. 5. ¿Cuánto te ha costado el apartamento de la playa? 6. No he venido/vine a veros porque a mi padre le ha dado/dio un infarto. 7. ¿Quién te ha dicho lo de mi ascenso? 8. ¿Cuándo tendrás acabado el proyecto? 9. El día del robo yo salí de mi casa a las 8.15 y volví a las 7 de la tarde.

6.- 1. pensaría. 2. era. 3. podía/podría, tenía/tendría. 4. vivía, hacía, me había perdido. 5. vendría/venía, estaba/estaría. 6. había separado/iba a separar, era. 7. era, era. 8. ganaba, importaba. 9. había estado, había ido, había ido.

Tema 15. ESTILO INDIRECTO (ORDEN / PETICIÓN)

1.- 1. Dile a Óscar que la estudie. 2. Dile a Daniel que la ponga. 3. Dile a papá que te ayude. 4. Dile a María que te lo dé. 5. Dile a Beatriz que no se vaya. 6. Dile a Paquito que no se los coma todos.

2.- 1. le llame por teléfono. 2. vaya a verle. 3. no vayamos antes de las 6. 4. le compre el periódico. 5. no vuelva tarde. 6. cerremos la puerta con llave. 7. le pidamos los diccionarios a la directora. 8. me ponga los otros pantalones. 9. no le diga nada a Olga. 10. la escuchemos. 11. pasemos por aquí.

3.- 1. escribiera, escribiéramos. 2. llamara, llamáramos. 3. saliera, saliéramos. 4. recogiera, recogiéramos. 5. abriera, abriéramos. 6. bebiera, bebiéramos. 7. saludara, saludáramos. 8. me acostara, nos acostáramos. 9. encontrara, encontráramos. 10. buscara, buscáramos.

4.- 1. fuera, fuéramos. 2. trajera, trajéramos. 3. viniera, viniéramos. 4. leyera, leyéramos. 5. pidiera, pidiéramos. 6. durmiera, durmiéramos. 7. fuera, fuéramos. 8. volviera, volviéramos. 9. dijera, dijéramos. 10. viera, viéramos. 11. diera, diéramos. 12. pusiera, pusiéramos. 13. hiciera, hiciéramos. 14. pudiera, pudiéramos. 15. supiera, supiéramos. 16. tuviera, tuviéramos.

5.- 1. que le llamara. 2. que fuera. 3. que no fuéramos. 4. que le comprara. 5. que no volviera. 6. que cerráramos. 7. que le pidiéramos. 8. que me pusiera. 9. que no le dijera. 10. que la escucháramos. 11. que pasáramos.

6.- 1. que no lo/le esperara a comer, que tenía mucho trabajo en la oficina. 2. fuera a recogerla a casa, que tenía el coche en el taller. 3. estaba preocupada y quería hablar conmigo, que la esperara a la salida de la clase. 4. volviera hoy, que el coche ya estaría arreglado. 5. hiciérais los ejercicios de la lección. 6. quitara la tele, que le dolía la cabeza. 7. no me preocupara, que ella haría la cena. 8. le hiciera un bocadillo, que tenía hambre. 9. no podía venir/ir a recogernos al aeropuerto porque tenía una reunión importante. 10. si quería comer, que había hecho paella. 11. le dejara cinco mil pesetas, que me las devolvería en cuanto pudiera. 12. si no llegaba a tiempo, no lo/le esperáramos. 13. cuando llegara a París, les escribiera. 14. no saliéramos de casa, que hacía demasiado frío.

7.- 1. pidió. 2. preguntaron. 3. pedí. 4. preguntó. 5. ha pedido. 6. pidió. 7. preguntó. 8. ha preguntado. 9. ha pedido. 10. preguntan/han preguntado.

8.- Me dijo que no fumara, que hiciera ejercicio, que comiera muchas verduras y frutas, que no tomara alcohol ni grasas, y sobre todo, que no trabajara demasiado.

Tema 16. ORACIONES FINALES: PARA / PARA QUE / PARA QUÉ

1.- 1-f. 2-e. 3-b. 4-g. 5-a. 6-c. 7-d.

2.- 1. para que se duerma. 2. Para llegar hasta allí. 3. para que me informen sobre el curso de pintura. 4. para que no te vean los vecinos. 5. para estar sano. 6. para que entre más aire. 7. para que le preste el abrelatas. 8. para pagar las letras del coche.

3.- 1. organizar. 2. estudien. 3. has comprado. 4. llegue. 5. cuentes. 6. preguntar. 7. contéis. 8. se compre. 9. quieres. 10. venga. 11. tomes, guardes. 12. pagar. 13. dices/has dicho. 14. entre. 15. moleste. 16. cobrar. 17. freír.

4.- 1. para que veas. 2. para estar. 3. Para ser. 4. para ver. 5. para que te tomes. 6. para que salga, se distraiga. 7. para que ... se rían. 8. para cenar. 9. para que les eches. 10. ¿Para qué quieres...?

5.- Ejercicio de respuesta libre.

Tema 17. ORACIONES TEMPORALES: CUANDO / CUÁNDO

1.- 1-g. 2-f. 3-c. 4-h. 5-d. 6-b. 7-e. 8-a.

2.- 1. ¿Cuándo os vais a casar?, ahorremos. 2. ¿Cuándo vas a hacer tu cama?, termine la película. 3. ¿Cuándo vas a acostarte?, tenga sueño. 4. ¿Cuándo vas a venir a mi casa?, tenga un rato libre. 5. ¿Cuándo va a terminar la guerra?, quieran. 6. ¿Cuándo vas a hacer otro viaje?, me den vacaciones. 7. ¿Cuándo van a ser las elecciones?, las convoque.

3.- 1. vamos, termine. 2. llamaron. 3. vayamos, tendremos. 4. nació. 5. beba. 6. quedó. 7. era. 8. vea. 9. vengas, enseñaré. 10. puedas. 11. vaya. 12. necesites, dudes. 13. veas. 14. vuelva.

4.- 1. vuelvas. 2. deje. 3. descubrió. 4. puede. 5. puedas. 6. podía. 7. era. 8. tenga. 9. salgas. 10. veas. 11. traiciona. 12. se cayó. 13. estoy. 14. esté. 15. sepas. 16. vayas. 17. termine. 18. seas. 19. quiere. 20. están.

5.- 1. Si. 2. Si. 3. Cuando. 4. Si. 5. Si. 6. Cuando. 7. Si. 8. Cuando. 9. Cuando. 10. Si.

6.- Ejercicio de respuesta libre.

Tema 18. ORACIONES TEMPORALES: ANTES DE (QUE), DESPUÉS DE (QUE), HASTA (QUE)

1.- 1. antes de comer. 2. antes de salir de viaje. 3. antes de entrar. 4. después de ver a Pedro en el hospital. 5. después de salir del trabajo. 6. Antes de cruzar la calle. 7. Antes de comprar un piso.

2.- 1. Yo voy a comer antes de que ellos vengan. 2. Él va a hacer ese recado antes de que las tiendas cierren. 3. Nosotros vamos a salir antes de que sea más tarde. 4. Yo voy a comprar el periódico antes de que se termine. 5. Ellos van a cambiarse de casa antes de que nazca el niño. 6. Nosotros vamos a ordenar la casa antes de que vengan mis padres. 7. Yo voy a comer la sopa antes de que se enfríe. 8. Yo voy a terminar el informe antes de que venga el director.

3.- 1. Antes de salir. 2. antes de que, llegue. 3. antes de encender. 4. antes/después de cenar. 5. antes de que lleguen. 6. después de ver. 7. antes de que empiece. 8. Antes de ir. 9. antes de conocer. 10. Antes de comprar. 11. Después de terminar. 12. antes de que muera. 13. antes de morir. 14. Antes de enfadarte.

4.- 1. vengan. 2. comas. 3. diga. 4. se casan. 5. termines. 6. llegue. 7. nos hartamos. 8. vea. 9. echaron. 10. estés. 11. dejó. 12. llego. 13. llegaron, se pusieron. 14. venga. 15. dé.

5.- 1. Me acostaré después de terminar la novela. 2. Tenemos que comprar antes de que empiece a llover. 3. Ven a verme cuando vuelvas de la mili. 4. Miguel se fue a Mallorca después de jubilarse. 5. Yo voy a preparar las cosas antes de que vengan los invitados. 6. Tú te vendrás conmigo cuando alquile un piso para vivir. 7. Se va al bar a tomar el café después de comer en casa. 8. Tú quédate aquí hasta que yo venga a buscarte. 9. Nosotros haremos un viaje por Europa después de que yo termine la Universidad. 10. Le escribimos una carta cuando nos enteramos de la noticia.

Tema 19. ARTÍCULOS DETERMINADOS E INDETERMINADOS

1.- 1. el, los. 2. -, el. 3. los. 4. Las. 5. las. 6. los, la. 7. -. 8. los. 9. -/el. 10. el. 11. la. 12. la. 13. La. 14. La, el. 15. los. 16. las. 17. los, los. 18. -. 19. -. 20. las. 21. la. 22. los, el. 23. -/la. 24. -, la.

2.- 1. -. 2. -. 3. unos. 4. -, -, -, -. 5. un. 6. unos. 7. -. 8. una. 9. una. 10. unas/-. 11. un. 12. -. 13. un, -. 14. un. 15. -. 16. -. 17. unos. 18. una/-. 19. una. 20. -.

3.- 1. Bien. 2. Mal. El Everest. 3. Mal. El norte. 4. Mal. El río Tajo. 5. Bien. 6. Mal. El mar Mediterráneo. 7. Mal. Al otro lado del estrecho. 8. Mal. Andalucía. 9. Bien. 10. Mal. En los Pirineos. 11. Bien. 12. Bien.

4.- 1. Lo, lo, el. 2. lo. 3. lo. 4. el. 5. lo. 6. lo. 7. el. 8. el, lo. 9. el. 10. lo. 11. el.

5.- 1. -, -. 2. la, -, -. 3. -/un. 4. un, el. 5. un/-, la. 6. el. 7. el, un. 8. el, -. 9. un, un. 10. unos/los. 11. unas/-/las. 12. el, el. 13. el, las/-. 14. el, la. 15. el, el/-, la. 16. el, la.

TEMA 20. ESPERO / QUIERO / PREFIERO / NECESITO + INFINITIVO / QUE + SUBJUNTIVO

1.- 1. No quiero. 2. Espero. 3. Espero. 4. No quiero. 5. Necesitas. 6. Prefiero. 7. Necesitas. 8. Prefiero.

2.- 1-e. 2-a. 3-d. 4-f. 5-c. 6-b.

3.- 1. sea. 2. prestes. 3. gane. 4. fumemos. 5. elijas. 6. acaben. 7. sepas. 8. ayude. 9. vayamos.

4.- 1. casarte. 2. trabajar. 3. venir. 4. que vuelvas. 5. que seáis. 6. veros. 7. que me quede. 8. que me hagas. 9. que vayamos. 10. hablar. 11. que, estudien. 12. que vengas. 13. que, sean. 14. que me digan. 15. verte. 16. que se independice. 17. que, pida. 18. que, vea. 19. acabar. 20. que cojas.

5.- 1. ¿Quiere que le ayude? 2. ¿Queréis que me quede con los niños? 3. ¿Quieres que te lleve al aeropuerto? 4. ¿Quieres que te traiga el periódico? 5. ¿Quieres que vaya al médico contigo? 6. ¿Queréis que (yo) llame a vuestra familia? 7. ¿Queréis que os esperemos en la cafetería? 8. ¿Queréis que (yo) haga la compra? 9. ¿Quieres que (yo) hable con ella? 10. ¿Quiere que venga el sábado a trabajar?

6.- Ejercicio de respuesta libre.

TEMA 21. ES UNA PENA / QUÉ PENA / ES RARO / QUÉ RARO + QUE + PRESENTE O PERFECTO DE SUBJUNTIVO

1.- 1. Qué raro que no haya venido a buscarme. 2. Qué pena que se haya quedado sin trabajo. 3. Qué raro que no hayan salido este fin de semana. 4. Qué raro que se hayan divorciado. 5. Qué pena que se hayan mudado. 6. Qué pena que las vacaciones se nos hayan terminado. 7. Qué raro que el cajero del banco se haya marchado sin decir nada. 8. Qué pena/qué raro que Alejandro haya suspendido las Matemáticas. 9. Qué raro que los precios hayan bajado. 10. Qué pena que no nos haya tocado la lotería.

2.- 1. pueda. 2. haya venido. 3. haya empezado. 4. quiera. 5. conozcáis. 6. sepa. 7. nos hayamos enterado. 8. tomen. 9. haya llegado. 10. oigamos. 11. hayáis visto. 12. sea. 13. tenga. 14. os vayáis. 15. hayan despedido. 16. conteste.

3.- Ejercicio de respuesta libre.

TEMA 22. (NO) ESTÁ CLARO, (NO) ES OBVIO... + QUE + INDICATIVO / SUBJUNTIVO
(NO) ES LÓGICO, (NO) ES NECESARIO... + INFINITIVO + QUE + SUBJUNTIVO

1.- 1. es. 2. hay. 3. aprenden. 4. sobran. 5. durará. 6. tienen. 7. han mejorado. 8. ha aprobado. 9. es. 10. suele.

2.- 1. No es evidente que, en ese asunto, él sea el responsable de todo. 2. ¿No es verdad que ya no hay entradas para el concierto? 3. No está claro que algunas personas nunca aprendan de la experiencia. 4. No es obvio que a Julián le sobren 30 kilos. 5. No está claro que si sigue así, no dure mucho tiempo en ese trabajo. 6. No es evidente que los hijos de los vecinos no tengan ni idea de modales. 7. No es obvio que los transportes públicos hayan mejorado mucho en los últimos años. 8. ¿No es cierto que el Gobierno ha aprobado nuevas medidas contra el tráfico de drogas? 9. No está claro que la falsificación de marcas famosas sea un negocio que mueve miles de millones al año. 10. No es obvio que la ropa vaquera suela gustar a todo el mundo.

3.- 1. que vengas. 2. llegar. 3. que salgamos. 4. tenga. 5. que cierren/cerrar. 6. acabar. 7. que te olvides. 8. que nos comprometamos. 9. que bajen, suban. 10. que te calles, hagas. 11. que, tengan. 12. que vengas. 13. gastarse. 14. grites. 15. que esperéis, llamen. 16. alojarse. 17. que, defienda.

4.- 1. esté. 2. gane. 3. tiene. 4. volvamos. 5. digas. 6. ganen. 7. van. 8. son. 9. se llevan. 10. cierres. 11. van. 12. crecen. 13. se ha preparado.

TEMA 23. SER / ESTAR

1.- 1. ser. 2. estar. 3. ser. 4. ser. 5. estar. 6. estar. 7. ser. 8. ser. 9. estar. 10. estar.

2.- 1. es. 2. estamos. 3. era. 4. es. 5. es. 6. estamos. 7. es, es. 8. eran. 9. es, está. 10. es. 11. es. 12. son, están. 13. es, está. 14. era. 15. está. 16. está. 17. está. 18. es. 19. está. 20. están, son. 21. es/sea. 22. es. 23. es. 24. está.

3.- 1. está. 2. ha sido. 3. fue. 4. es. 5. están. 6. está. 7. era. 8. es. 9. fue. 10. es. 11. eran. 12. es. 13. está. 14. es. 15. está, está. 16. es. 17. es, está. 18. fue. 19. es. 20. está. 21. es. 22. es. 23. es. 24. está. 25. es.

4.- 1. Están. 2. está. 3. están. 4. son. 5. están. 6. Está. 7. era. 8. estás. 9. es. 10. es. 11. eran. 12. está. 13. estábamos. 14. es. 15. son/están, son. 16. es. 17. es. 18. Están. 19. será. 20. es.

5.- 1. Este profesor es malo. Este profesor está malo, está soltero, está preocupado, está sano. 2. El tabaco es malo, es perjudicial. El tabaco está malo. 3. Este periódico es parcial, es malo. 4. La película es aburrida, es animada, es parcial. 5. Este pescado es malo, es perjudicial. Este pescado está malo. 6. Los plátanos están maduros. 7. La fiesta es abierta, es animada, es aburrida. La fiesta está animada, está aburrida. 8. La ventana está abierta. 9. Los perros son los mejores amigos del hombre. 10. El presidente es malo, es parcial, es soltero. El presidente está malo, está soltero, está preocupado, está sano. 11. Nadar es sano, es un deporte muy completo, es perjudicial. 12. El atletismo es malo, es perjudicial, es sano, es un deporte muy completo.

TEMA 24. ORACIONES DE RELATIVO (1)

1.- 1. Ayer probé un plato nuevo que tenía muchas especias. 2. Yo sólo vi salir a un hombre que llevaba una cartera negra. 3. A mí me dio el recado una mujer que tenía una voz muy grave. 4. Encontramos al fin una pensión que estaba en el centro. 5. Yo fumo estos cigarrillos que tienen poca nicotina. 6. Juan ha alquilado una casa antigua que es preciosa. 7. Ayer llamó a casa una chica que no dijo su nombre. 8. Nos paró un policía que no era muy simpático. 9. Mis padres me compraron una bicicleta que les salió muy barata. 10. El cristal lo rompió un chico que salió corriendo. 11. Jesús lleva una cazadora de cuero que le costó un ojo de la cara.

2.- 1-i. 2-h. 3-f. 4-e. 5-g. 6-b. 7-a. 8-c. 9-d.

3.- 1. grita. 2. esté. 3. he conocido. 4. estabas. 5. perdiste. 6. diera. 7. falta. 8. quieras. 9. robaron. 10. tenga. 11. hicimos. 12. sea. 13. esté. 14. pueda.

4.- 1. ¿Conoces a alguien que escriba telenovelas? 2. ¿Conoces a alguien que toque la gaita? 3. ¿Conoces a alguien que baile flamenco? 4. ¿Conoces a alguien que sepa hablar chino? 5. ¿Conoces a alguien que viva en Nueva York? 6. ¿Conoces a alguien que tenga caballos? 7. ¿Conoces a alguien que coleccione sellos? 8. ¿Conoces a alguien que tenga un camión? 9. ¿Conoces a alguien que arregle electrodomésticos? 10. ¿Conoces a alguien que dé clases particulares de español?

5.- 1. Sí, conozco a un-a chico-a que escribe telenovelas. No, no conozco a nadie que escriba telenovelas. 2. Sí, conozco a un-a chico-a que toca la gaita. No, no conozco a nadie que toque la gaita. 3. Conozco a un-a chico-a que baila flamenco. No conozco a nadie que baile flamenco. 4. Conozco a un-a chico-a que sabe hablar chino. No conozco a nadie que sepa hablar chino. 5. Conozco a un-a chico-a que vive en Nueva York. No conozco a nadie que viva en Nueva York. 6. Conozco a un-a chico-a que tiene caballos. No conozco a nadie que tenga caballos. 7. Conozco a un-a chico-a que colecciona sellos. No conozco a nadie que coleccione sellos. 8. Conozco a un-a chico-a que tiene un camión. No conozco a nadie que tenga un camión. 9. Conozco a un-a chico-a que arregla electrodomésticos. No conozco a nadie que arregle electrodomésticos. 10. Conozco a un-a chico-a que da clases particulares de español. No conozco a nadie que dé clases particulares de español.

TEMA 25. ORACIONES DE RELATIVO (2)

1.- 1. El chico con el que salía Maribel está casado. 2. La mujer con la que está hablando el camarero es una actriz famosa. 3. La empresa en la que trabaja Jesús fabrica baterías para coches. 4. El supermercado donde compro normalmente ha cambiado de dueño. 5. Esta es la compañera de quien te hablé ayer. 6. El hotel en el que nos alojamos está al lado de la playa. 7. La cama en la que dormimos era muy incómoda. 8. La casa en la que vive Ernesto es del siglo pasado. 9. El libro al que se refería el profesor no está en las librerías.

2.- 1. los que. 2. el que. 3. los que/quienes. 4. las que/quienes. 5. quien/el que. 6. las que/quienes. 7. Quien/El que. 8. los que. 9. los que/quienes. 10. donde. 11. el que/quien. 12. quien. 13. la que/quien. 14. El que/Quien. 15. la que/quien. 16. Los que/Quienes, los que/quienes. 17. la que. 18. Quien/El que. 19. la que. 20. el que/quien.

3.- 1. lo. 2. el. 3. el. 4. lo. 5. lo. 6. lo. 7. el. 8. lo. 9. el. 10. el. 11. lo. 12. lo. 13. el. 14. el. 15. lo. 16. el. 17. lo. 18. el.

TEMA 26. (NO) ME GUSTA / MOLESTA / IMPORTA... (QUE) + INFINITIVO o SUBJUNTIVO

1.- 1. ¿Os/Les gusta madrugar? 2. ¿Os/Les gusta salir de noche? 3. ¿Os/Les gusta recoger conchas en la playa? 4. ¿Os/Les gusta conducir coches de carreras? 5. ¿Os/Les gusta ver amanecer? 6. ¿Os/les gusta hacer parapente?

2.- 1. ¿Te/Le molesta que te/le pidan dinero prestado? 2. ¿Te/Le molesta que la gente grite? 3. ¿Te/Le molesta que fumen en tu/su presencia? 4. ¿Te/Le molesta que la gente llegue tarde? 5. ¿Te/Le molesta que no te escuchen cuando hablas? 6. ¿Te/Le molesta que tus/sus amigos vengan a tu/su casa a las tantas?

3.- 1. ¿Les importa que me siente aquí? 2. ¿Les importa bajar la música? 3. ¿Le importa que salga...? 4. ¿Te importa echar...? 5. ¿Te importa prestarme...? 6. ¿Te importa que coja...? 7. ¿A ella le importa que comáis...? 8. ¿A ti te importa que lleve...? 9. ¿A Vd. le importa que dejemos...?

4.- 1. que toques. 2. que quieras. 3. que sus hijos canten. 4. que yo llegue. 5. cuidar. 6. vender. 7. que coja. 8. ganar. 9. que, hayan despedido. 10. conducir. 11. ayudarme. 12. que vayamos. 13. vivir. 14. que la gente se meta. 15. que les oigamos.

5.- Ejercicio de respuesta libre.

TEMA 27. (NO) PIENSO / CREO / ESTOY SEGURO DE... QUE + INDICATIVO o SUBJUNTIVO. (NO) SÉ + enlace + INFINITIVO o INDICATIVO

1.- 1. todavía es pronto para darte de alta. 2. debía olvidarla cuanto antes. 3. tarden mucho en llegar. 4. hoy hay correo? 5. ahora haya más delincuencia que antes. 6. la economía mejorará este año.

2.- 1. No, no creo que el Partido Conservador gane las elecciones. 2. No, no creo que Diego saque las oposiciones a notario. 3. No, no creo que haya atascos a estas horas. 4. No, no creo que Javier esté muy enfermo. 5. No, no creo que ahora haya rebajas en los grandes almacenes. 6. No, no creo que llueva el fin de semana.

3.- 1. Pues yo no estoy seguro de que la empresa vaya mal. 2. Pues yo no creo que Antonio esté loco. 3. Yo no pienso que dejar el trabajo ahora sea una locura. 4. Yo no estoy seguro de que el perro sepa volver a casa. 5. Yo no opino que haya que comprar más ordenadores para la secretaría. 6. Yo no pienso que el papel reciclado sea mejor. 7. Yo no estoy seguro de que su equipo gane la liga.

4.- 1. Yo creo que él ha alquilado el piso. Yo no creo que él haya alquilado el piso. 2. Yo creo que ellos han arreglado el ascensor. Yo no creo que ellos hayan arreglado el ascensor. 3. Yo creo que ella ha vendido su coche. Yo no creo que ella haya vendido su coche. 4. Yo creo que ellos han salido de viaje. Yo no creo que ellos hayan salido de viaje. 5. Yo creo que su abuelo murió en la guerra. Yo no creo que su abuelo muriera en la guerra. 6. Yo creo que ella ha abandonado a sus gatos. Yo no creo que ella haya abandonado a sus gatos.

5.- 1. sirven. 2. hay. 3. haya. 4. son. 5. lleve. 6. ha pintado. 7. haya. 8. estarás. 9. es. 10. llegue. 11. encontrarás. 12. terminará. 13. tengas.

6.- 1. si. 2. qué. 3. por qué. 4. qué. 5. dónde. 6. dónde. 7. por qué. 8. quién. 9. cómo.

TEMA 28. ME GUSTARÍA + INFINITIVO. ME GUSTARÍA + QUE + PRETÉRITO IMPERFECTO DE SUBJUNTIVO

1.- 1. A ella le gustaría no estar tan delgada. 2. Incorrecta. ¿A ti te gustaría ser médico? 3. Correcta. 4. Incorrecta. A él le gustaría que le ascendieran en la empresa. 5. Incorrecta. A nosotros nos gustaría comprarnos un chalé en la sierra. 6. Correcta. 7. Correcta.

2.- 1. que tú tuvieras. 2. repetir. 3. cambiar. 4. que él no corriera. 5. respetaran. 6. ir. 7. que fuéramos. 8. que os vinierais. 9. que estuvieran. 10. que se pusiera. 11. que se arreglara, que no hubiera, se agilizaran. 12. tener. 13. que desayunáramos. 14. que vierais. 15. que ... aprendieran.

3.- Ejercicio de respuesta semilibre. Posibles soluciones: 1. Me gustaría que mi marido colaborara más en casa. 2. Me gustaría jugar al golf. 3. Nos gustaría ir de vacaciones a Canarias. 4. Me gustaría que mis padres me regalaran un ordenador para Navidad. 5. Me gustaría poder participar en las Olimpiadas. 6. Me gustaría que mañana hiciera buen tiempo/que no lloviera. 7. Nos gustaría que vinierais de vacaciones a casa/que vinieran (ellos) de vacaciones a casa. 8. Me gustaría vivir en el campo.

4.- Ejercicio de respuesta libre.

TEMA 29. COMPARATIVOS Y SUPERLATIVOS

1.- 1. tanto calor. 2. tan incómodo. 3. tan inteligente. 4. tantos partidos. 5. tan vago. 6. tan nerviosa. 7. tan cara. 8. tan difícil. 9. tantas chocolatinas. 10. tantos libros.

2.- 1. dificilísimo. 2. buenísima. 3. poquísimo. 4. antiquísimas. 5. riquísimo. 6. grandísima. 7. brevísima. 8. inteligentísimos. 9. listísimo. 10. facilísimo.

3.- 1. que. 2. de. 3. de. 4. de. 5. de. 6. de. 7. de. 8. de. 9. que. 10. que. 11. que. 12. que. 13. de. 14. de. 15. que.

4.- 1. peores. 2. mejor. 3. mejores. 4. mayor. 5. peor. 6. mejor. 7. peor. 8. menor.

5.- 1. Es el chico más pesado que he conocido. 2. Es el pez más grande que he visto en mi vida. 3. Es la canción más bonita que he oído. 4. Es la mujer más cariñosa que he conocido. 5. Es la moto más rápida que he probado. 6. Es el peor libro que he leído en mi vida. 7. Son las personas más encantadoras que he conocido.

6.- Ejercicio de respuesta libre.

TEMA 30. ORACIONES CONDICIONALES

1.- 1. tuviera, tendría. 2. fuera, sería. 3. pudiera, podría. 4. viniera, vendría. 5. fuera, iría. 6. saliera, saldría. 7. fumara, fumaría. 8. estudiara, estudiaría. 9. bebiera, bebería. 10. hiciera, haría. 11. pusiera, pondría. 12. escribiera, escribiría. 13. durmiera, dormiría.

2.- 1-d. 2-c. 3-f. 4-b. 5-e. 6-a. 7-j.

3.- 1. fuera. 2. Sembraríamos. 3. estuviera. 4. iría. 5. hiciera. 6. Bailarías. 7. tuviéramos. 8. Trabajaría. 9. fueran.

4.- 1. Si hicieras ejercicio, estarías en forma. 2. Si no lloviera, saldría a dar una vuelta. 3. Si supieras informática, encontrarías un trabajo. 4. Si ganarais más dinero, podríais cambiar de piso. 5. Si quisieran, pondrían su propia empresa. 6. Si tuviera tiempo, aprendería a tocar algún instrumento. 7. Si tuviera dinero, te invitaría a cenar en un restaurante. 8. ¿Si te tocara la lotería dejarías de trabajar? 9. Si pudiera, me iría a una isla.

5.- 1. levantaras. 2. te encuentras. 3. Compraríamos. 4. tengo. 5. nieva. 6. pasas. 7. ves. 8. necesitas. 9. Podrías. 10. tienes. 11. trabajaras. 12. despediría. 13. pondrían. 14. necesitas. 15. vieran.

6.- Ejercicio de respuesta libre.

TEMA 31. ORACIONES CONCESIVAS

1.- 1. nunca he estado en Francia. 2. haga mucho frío. 3. no terminemos esta noche. 4. sólo tiene 3 años. 5. esté cansada. 6. yo quiera. 7. yo quisiera. 8. pagaran muy bien. 9. nunca había visto a tu hermana.

2.- 1. Aunque tengo hambre, no voy a cenar. Aunque tenga hambre, no cenaré. Aunque tuviera hambre, no cenaría. 2. Aunque no tengo dinero, voy a ir a París. Aunque no tenga dinero, iré a París. Aunque no tuviera dinero, iría a París. 3. Aunque llueve, voy a salir. Aunque llueva, saldré. Aunque lloviera, saldría. 4. Aunque este coche es viejo, funciona bien. Aunque sea viejo, funcionará bien. Aunque fuera viejo, funcionaría bien. 5. Aunque come mucho, no engorda. Aunque coma mucho, no engordará. Aunque comiera mucho, no engordaría. 6. Aunque trabaja en la sexta planta, no coge el ascensor. Aunque trabaje en la sexta planta, no cogerá el ascensor. Aunque trabajara en la sexta planta, no cogería el ascensor. 7. Aunque sois ricos, no sois felices. Aunque seáis ricos, no seréis felices. Aunque fuerais ricos, no seríais felices.

3.- 1. hace/haga. 2. pida. 3. ha estudiado. 4. estudie. 5. advertí. 6. duela. 7. preparamos. 8. gusta. 9. está/esté. 10. tocara. 11. pagaban. 12. cojamos. 13. regaba. 14. esté/está. 15. pida.

TEMA 32. CONCORDANCIA DE TIEMPOS EN LAS ORACIONES SUBORDINADAS

1.- 1. Me alegré de que te acordaras de mí. 2. No quería que trabajaras tanto. 3. No creía que la policía sospechara de él. 4. Esperaba que fueras más prudente con lo que dices. 5. Me extrañó que sus empleados estuvieran contentos. 6. Mis amigos querían que fuéramos a Brasil esta Semana Santa. 7. Preferí que él no viniera conmigo. 8. Era lógico que los alquileres subieran tanto como el coste de la vida. 9. Esperaba que comprendieras mi decisión. 10. La policía no creyó que el atentado fuera obra de unos terroristas. 11. Sólo quería que le cambiaran la batería del coche.

2.- 1. andes. 2. estemos. 3. necesitara. 4. vayas. 5. recetara. 6. estás, sea. 7. llegaría. 8. son. 9. era. 10. asustarais. 11. salieras. 12. consultes. 13. traiga. 14. fumara. 15. funciona. 16. avisarais. 17. pusieran. 18. dijeras. 19. es.

3.- 1. que él estaría. 2. que, llegara. 3. te has enterado. 4. que, lleguen. 5. que, hablaras. 6. que, ganaría. 7. que, volverían. 8. que, ingresara. 9. que Vd. viniera. 10. que Vd. vaya. 11. que olvidarais. 12. que, tuviera.

4.- Ejercicio de respuesta libre.

TEXTOS NARRATIVOS

1.- 1. querían. 2. estaban. 3. compraron. 4. tenían. 5. decidió. 6. estaba. 7. cayó. 8. hizo. 9. era. 10. consiguió. 11. era. 12. tenía. 13. disfrutaba. 14. disponía. 15. estaba. 16. estaban. 17. pensaban. 18. decidieron.

2.- 1. fue hallado. 2. había nacido. 3. era. 4. es. 5. se dedicaban. 6. había comenzado. 7. inició. 8. era. 9. Tenía. 10. se defendía. 11. perdió. 12. optó. 13. ganó. 14. hicieron. 15. desarrolló. 16. perteneció. 17. está. 18. fueron trasladados.

3.- 1. nació. 2. era. 3. podía. 4. fue. 5. cumplió. 6. dormían. 7. estudió. 8. cantaba. 9. formó. 10. hacían. 11. era. 12. acabó. 13. ofrecieron. 14. Se casó. 15. se fue. 16. regresó. 17. fue. 18. empezó. 19. contrajo. 20. se recuperó. 21. pudo. 22. murió. 23. era.

24. se puso. 25. fue. 26. murió. 27. fue. 28. Tiene. 29. estudia. 30. Se casó. 31. Ha presentado. 32. va. 33. emociona. 34. son. 35. Es. 36. comenta/ha comentado. 37. Son. 38. Recibe. 39. contesta. 40. Ha estado. 41. ha conseguido. 42. Tiene.

4.- 1. dio. 2. estábamos. 3. me paré. 4. vi. 5. se metía. 6. venía. 7. supe. 8. decidí. 9. castigué.

1. ha tenido. 2. ha sido. 3. empezó. 4. volvió. 5. se peleaba. 6. decía. 7. dolía. 8. tocaba. 9. fui. 10. dijo. 11. portaba. 12. aprendió. 13. tenía.

1. tuve. 2. había cambiado. 3. estaba. 4. dije. 5. se encontraba. 6. escuché. 7. repetía. 8. estaba.

5.- 1. terminé. 2. me fui. 3. tenía. 4. vivía. 5. mandaba. 6. era. 7. Compraba. 8. podía. 9. iba. 10. encontré. 11. pagaban. 12. tenía. 13. trabajaba. 14. era. 15. conocí. 16. daba. 17. era. 18. se pasaba. 19. seguíamos. 20. me acordaba. 21. estaba. 22. entró. 23. se puso. 24. hablaba. 25. interrumpió. 26. se callara. 27. salió. 28. contestó. 29. hacía. 30. dejara. 31. pasaba. 32. terminó. 33. se marcharon. 34. son. 35. estuve. 36. volví.

clave

Con las soluciones de todos los ejercicios de práctica controlada.

USO
de la gramática española

intermedio

Francisca Castro

edelsa
GRUPO DIDASCALIA, S.A.
Plaza Ciudad de Salta, 3 - 28043 MADRID - (ESPAÑA)
TEL.: (1) 416 55 11 - FAX: (1) 416 54 11